JN437944

설레임

한두현 제07시집

을지출판공사

설레임

나 그대 있어

새싹이
언 땅을 뚫고 나오듯

어린 시절
힘차게 자랄 수 있었다네

나 그대 있어

꽃망울이
봄에 활짝 날개를 펴듯

직장에서
국가와 사회에 공헌할 수 있었다네

나 그대 있어

알찬 열매
비바람에 고이고이 익혀 나누듯

사회 환원의 꿈
차근차근 준비하여 실행에 옮기려 한다네

2022년 새해

각공서재에서
中里 한 두 현

Contents

차례

제 1 부 미리 본 광화문광장 邦

Contents

Contents

Contents

Contents

Contents

Contents

제 6 부 초목의 계절 然

제 1 부

미리 본 광화문광장

邦

칼 마르크스의 망령

공산국
우한에서 태어난 코로나19

마르크스
망령이 온 세상을 뒤집는다

살아서
못 이룬 꿈 이루려 안간힘을

공격 목표
반공보류였던 대구의 예수교

쓰러져 가는
좌파정권 지원 사격도 아낌없이

우파종주국
미국도 큰 타격 입어 비틀비틀

네가 독한 줄이야
알았다만 죽어 망령까지 이리도

국민들아 정신
똑바로 차리렴 빨갱이 나라 싫거들랑

2020. 3. 30

어색한 만남

토요일 오후
공평4거리 갑자기 다가온다

남색 유니폼
종로 이낙연 후보 호위한 무리

이낙연
흰 셔츠에 핑크색 넥타이 한 나에게

북한산
도사라도 만난 듯 황송한 몸짓으로

썼던 마스크
얼른 벗더니 공손히 허릴 굽혀 절을

이런
원치 않는 만남 생전 처음이라 씁쓸

덕담도 험담도
하기 싫어 "노력해요"라며 지나갔지

아마도
저 도사 자기가 불리하다는 표정이네

나는
외나무다리에서 만난 어색함이 드러난 순간

2020. 4. 4

재미없는 투표

난
비교적 하는 일이

다
잘 되는 복을 타고났지만

투표만은
찍은 사람이 떨어지는 편이다

아니
뻔히 떨어질 줄 알면서 찍는 게지

오늘도
국회의원 구의원 다 낙선할 자에게

집이 팔렸는데
이사 가는 마을도 똑같은 지역이라

살아생전
떨어지는 이만 주로 찍는 재미없는 투표

2020. 4. 10

더불어 덕에 포식한 날

4.15총선
미래통합당 폭삭 망한 날

독주
한 말쯤 들이켜고 싶으나

끊은 지
오래라 마라탕을 들이켰지

더불어 덕에
이런 포식을 하게 되다니

자기가
지은 업 자기가 받는 법

나라 걱정
후손 걱정 너무 하시지 말고

술이든
마라탕이든 벌떡벌떡 마셔 보게나

2020. 4. 16

부자 3대라더니

부자 3대
못 간다는 옛말

부국 3대에
적중하려는 듯

부만 물려받고
정신은 허당이라

경주 최씨
만석꾼이 12대 지속은

지혜와
매서운 정신 물려받은 덕

부자든 부국이든
벌지 않고 쓰기만 한다면

어찌
3대인들 지속할 수 있으리오

뿌리의 노고
부정하는 정권 망조에 접어들었구나

2020. 4. 24

언제부턴가 1

출근하면
사무실 문 앞 놓여진 신문

언제부턴가
일면이 아닌 뒷면이 보이게

아마도
총선에서 우익이 참패한 이후

신문이 기가 죽어서
아니면
독자가 요구해서
아니면
좌익이 훼손할까 봐
아니면
배달원 자신이 싫어서

요구하련다
일면이 겉으로 나오도록

입법 사법 행정 3권
몽땅 틀어쥔 정권의 횡포

조선일보여 파이팅!
그대가 아니면 뉘가 막아 주리

2020. 5. 18

거대 수퇘지 소란

커다란
수퇘지 한 마리

아니 글쎄
젊은 예쁜 아가씨를

겁도 없이
겁탈하려고 달려들었다나

알고 보면
얘깃거리도 안 되는 사건이지

사람 사이
일이라면 몰라도 짐승이 한 짓인데

잘못이 있다면
짐승을 후보로 낸 당과 뽑아 준 시민이지

역시 판사는 판사야
수돼지를 구속시켜 세금 축내지 않게 해

향후 문제는 문제야
국민의 눈이 사람과 짐승을 구별할 줄 모르니

2020. 6. 4

칠순둥이 6.25야

얼마나
네가 나빴기에

네가 70이
되도록 이토록 미우냐

네 아니었다면
참봉댁 도령이 어찌 나무 지게를

네 아니었다면
집을 날리고 어찌 길바닥 굶주림을

네 아니었다면
중학 진학을 2년씩 못하고 어찌 농사를

네 아니었다면
고학하며 공부하다 어찌 폐결핵의 고통을

내 염라대왕에 오르는 날
네 부모인 김일성 스탈린 모택동을 찾아내

다시는 나오지 못하게
영겁이 되도록 가장 흉측한 형벌을 가하리라

그래서
미래에는 이런 못된 짓을 저지르는 놈이 없도록

2020. 6. 25

한씨 추씨 수난시대

비나이다
비나이다 한명숙이

나라 한韓이 아닌
한심寒心할 寒이기를

韓씨들이
정성을 다해 기도한다

비나이다
비나이다 추미애가

가을 추秋가 아닌
추잡醜雜할 醜이기를

秋씨들이
밤새워 기도 기도한다

2020. 6. 27

안·오·원 세 글자

자손들아
이름을 지을 때

안 · 오 · 원
세 글자는 피하렴

집안 망신
시키지 않으려거든

아무래도
진보의 보步자는

步자가 아니고
밑구멍 보자인가 하노라

입만 열면
정의 공정 인권을 부르짖으며

행동은
어찌 그리도 보○ 보○만 밝히는지

그래도
적시에 죽을 줄 아는 용기는 높이 사야 해

2020. 7. 9

* 안 : 안희정
* 오 : 오거돈
* 원 : 박원순

우선순위 1위

유아기 우선순위
1위는 호기심이었지

학창 시절 우선순위
1위는 성적 성적이었지

직장 시절 우선순위
1위는 실적 실적이었지

은퇴 후 우선순위
1위는 창작 창작이었지

큰 병 후 우선순위
1위는 건강 건강이었지

저승길 우선순위
1위는 득도 아니면 명예라도 끼고 가야지

2020. 7. 12

* 명예퇴진하는 백선엽과 불명예로 얼룩진 박원순의 퇴진을 바라보며

미리 본 광화문 광장

22세기
어느 날 광화문 광장

저 동상은 뭐야
이순신 장군 동상 옆 나란히 서 있는

아하
6.25때 구국의 영웅 백선엽 장군이군

세종대왕 옆 저 동상은
아하 왼쪽은 건국의 아버지 이승만 대통령

아하 오른쪽은
부자 강국으로 만들어 준 박정희 대통령이네

아무리 좌익이 날뛰어도

자유민주주의 대한민국이 확고히 자리 잡았군

2020. 7. 15

* 김일성으로부터 대한민국을 지켜 낸 구국의 영웅 백선엽 대장의 초라한 영결식을 아쉬워하며.

초목보살草木菩薩

난 아직 그대와 같은
진짜 보살을 본 적이 없구나

자식은 물론
자신의 몸까지 다 내어 주는 보살

그대의 보시가 없다면
다람쥐며 소며 인간이 어찌 존재하리

다 내어 주고도
공치사 한 번 하지 않는 묵묵한 그대

난 아직 듣지 못 했네
그대 나라엔 말과 행동이 다른 대통령이 있다는 걸

난 아직 듣지 못 했네
파렴치한 놈의 추하디추한 년의 법무장관이 있다는 걸

난 아직 듣지 못 했네
내로남불로 찌든 여당 독재의 횡포가 하늘을 찌른다는 걸

초목보살이여!
우리 인간 언제 철이 들어 그대의 반의반이라도 닮아가리

2020. 7. 31

절로 피신한 소 떼 이야기

구례 사성암
해발 531m의 산꼭대기 절

원효 의상대사
도선 진각국사가 수행한 도량

섬진강 둑
무너지니 물난리 만난 소 열 마리

몇십 리
달리고 달려 사성암까지 피신을

알고 보니
두목격의 소 한 마리 전생에 수도승

불자가 바치는
쌀이며 옷이며 돈을 냉큼냉큼 받아먹고

수행을
게을리 한 탓에 이승에 소로 태어났다네

홍수를 만나니
전생의 수행도량 사성암을 찾아간 게지

어찌 그 수행승뿐이리
공짜 좋다고 넙죽넙죽 받아먹는 국민이 걱정

2020. 8. 12

세균 세균이여

어쩌다
그런 실수를

어쩌려구
그런 악업을

뭐
조선 시대 역병에

선비가
차례를 안 지냈다구

어디다
비교할 데 비교해야지

괴질은
사망률이 코로나의 10배였어

한 집 걸러 환자
하루걸러 초상인 상황과 비교하다니

저 세상 영혼
자손걱정에 노심초사니 차례 잘 모시라

권장 권장할 일이지
안 지내도 된다니 열려 있는 지옥문 어이하려나

2020. 9. 23

개 돼지급도 안돼서리

산책길
만났다 오랜만에

우연히
의기투합하는 지인

지인 왈
선생님 좋으시겠습니다

요즘 정치가
엉망진창이라 시제 많으셔서

웬걸요
달무리들 하는 짓이 어지간해야지

개 돼지급도 안돼서리
추한 연놈들 만행 쓰긴 펜이 아까워서

2020. 9. 29

언제부턴가 2

언제부턴가
이태백이가 불상해 보인다

당나라 시인으로 평생
달의 아름다움을 노래했지만

미소 뒤에 숨은
마적 두목의 속내를 몰라봤기에

언제부턴가
해외에 나가 조국 자랑을 못한다

그들이 벌써
사기꾼이 날뛰는 나라임을 알고 있기에

언제부턴가
단풍이 물드는 가을을 즐기지 못한다

우리나라에서
가장 추한 년의 성이 가을 秋자이기에

2020. 10. 23

제 2 부

집에 온 손님 대접

會

돈의 깔끔한 효도

생일 명절
하례사절이 꼭 온다

축하 카드
꽃바구니 선물 싸 들고

서울대 총장
연세의료원 원장 기은 지점장

80 넘은 늙은이
누가 잊지 않고 이리 챙기리

변명도 변덕도
망각도 모르는 깔끔한 돈의 효도

2020. 2. 16

혼잣말 약속도 약속

점심시간
상점은 텅텅 비어

전화하니
5분 안에 도착한단다

추운 날
10분 이상 기다렸다

전화기 가게
여기저기 수두룩한 세운상가

3~4개월 전
작은 냉장고 사러 갔다가 전화기 있어

다음에
"사러 올게요"라고 혼자 한 말약속 지키려

점포 주인
날 기억 잘 못하지만 아주아주 고마워한다

2020. 2. 17

신천지 바이러스

콜럼버스
아메리카 신천지 발견

인디언이
죽어 갔다 총칼보다 무서운

천연두 홍역
인플루엔자 바이러스에 의해

신천지가
신종 코로나바이러스에 점령당했다

아무래도
찜찜하다 이름이 하필 신천지일 게 뭐람

2020. 2. 20

감정 반전의 기쁨

어허
사람이 바뀌었나

물었지
서빙하러 오기에

"왜? 처음
보는 것 같은 표정이야?"

"아니에요
너무 반가워 놀라서요"란다

몇 주
안 갔더니 "주말이면 오시는데"

마침
그 말이 끝나자마자 문에 들어오셔

호랑이도
제 말 하면 나타난다는 말이 맞아서요

이태리부대찌개
막내 하얼빈 조선족 임동매(林冬梅) 양

오해할 뻔
사회주의 때를 못 벗어 저렇다고 두고두고

2020. 2. 24

부적이 되어 버린 마스크

인적이
끊겨 버린 도로

마스크 쓴
사람 홀로 걸어온다

자가용
차 속 들여다보니

마스크 쓴
운전자 홀로 운전한다

아마도
저들은 자기 안방에서

마스크 쓴 채
TV도 보고 잠도 자리라

마스크가
부적이 되어 버린 지 오래인 듯

2020. 3. 2

코로나가 찬스인 식당

손님이
없다고 아우성

누군
서비스를 줄이고

누군
문을 닫아 버린다

이럴 때
안전한 환경에

초심을
잘 지키는 곳엔

용케도
알고 몰려든다

대홍수 때
벌 떼 개미 떼가

떠내려가지 않을
튼튼한 나무에 몰리듯

2020. 3. 3

집에 온 손님 대접

집에 온 손님
물 한 모금이라도 대접해야

설령 불청객
구걸 승이거나 거렁뱅이라도

한발 더 나아가
세균이나 코로나바이러스일지라도

문단속 잘 못해
일단 집안에 들어왔으면 손님이라

지극 정성을 다해
융숭하게 대접하면 머물다 떠나리니

지레 겁을 먹고
아우성치면 뜻하지 않게 목숨까지 위태

어떤 손님도

주인의 생명을 탐하지 않는 법 겁먹지 말지니

2020. 4. 1

멋이 필요한 나이

퇴근길
엘리베이터 속

70대
말끔한 세 신사 탄다

그중 한 명
날 빤히 쳐다보더니만

친구에게
당신보다 저 분이 더 멋지셔

난 송구해 "뭘요"
하니 엄지척까지 하며 내린다

저 신사도
나이 먹으니 멋에 무척 신경 쓰네

청춘엔 젊음 자체가
멋이니 따로 신경 쓸 필요 없었는데

2020. 5. 20

오지랖 여인

이른 아침
안국역 6번 출구 옆

더위 피해
일찍 시작한 산책길

흑백 마스크 겹쳐 쓴
삐쩍 마른 젊은 여인

내 앞에 서더니만
마스크를 하고 다니란다

잠시 귀를 의심하다가
뒤돌아보며 소리쳤지 “니나 잘해”

홱 돌아서 다가오더니
대한민국 국민이 어쩌고저쩌고하길래

더 큰 소리로
“니나 니나 잘해” 고함을 치니 되돌아간다

버스나 지하철이나
밀폐된 공간이라면 지적을 받을 만한 일이지만

열린 공간에 저하고 나하고
둘이서 지나치면서 웬 오지랖을 떨었는지 영원한 숙제

2020. 8. 5

누군 반 그릇 누군 두 그릇

목포 집
가정식 백반

난
밥 반 그릇 겨우

옆 테이블
밥 두 그릇 후딱

체구는
나와 비슷한 60대

저 신사 내 네 배
일을 할지 모를 일이지만

한 가지 확실한 건

저 친군
농가 쌀값 안정에 기여하고

난
굶어 죽어 가는 인류에 기여한다네

2020. 8. 7

세브의 수모受侮

매년
세배 오던 이가

아무
이유도 없이 안 오면

그게
바로 단교를 의미하듯

매번
입원할 때마다 받던 쾌유 인사

아무
설명 없이 싹둑 잘라 버리면 수모

2019. 11. 30
입원 시에는 총장 의료원장 병원장

2020. 7. 18
입원 시에는 개미 새끼 한 마리도 없어

정책은
얼마든지 변할 수 있지만 카드 한 장 없이

전통은
아주 중요해 잘 지키는 병원인 줄 알았는데

2020. 8. 10

싸움닭

이제나저제나
몇 달을 지켜보았지

새로 온 경비
아는 체를 안 하니

일요일 오전
방에 걸터앉아 있기에

○○○씨
난 당신을 아는데 날 모르시나

난
선생님을 단 한 번도 본 적이 없는데요

선생님
사무실까지 가서 인사를 해야 하나요

날 투명 인간
취급에 억지까지 피다니 싸움닭일 줄이야

내가
23년간 안주하다 보니 세상 변한 걸 몰랐군

날 봉으로 봤는지
슬슬 약을 올려 일을 만들려 유도하기까지

악연 뒤엔 선연도
돈화문 근처 엄마 뒤를 따르던 어린 남매

허리 굽혀
"안녕하세요" 인사를 해 "안녕! 참 예쁘다"

한 번도 경험해 보지 못한 일을 겪고 난 후라 더욱

2020. 8. 16 일요일

똥개 물린 선비

똥개
인두겁을 썼으니

선비
상황 파악이 안 돼

끙끙끙
여러 밤을 지새웠지

드디어
눈이 번쩍 세상이 변했군

대학 직장 은퇴 후
현재까지 60여 년 깡패 몰라

참
잘된 일이야 백수시대 살려면

눈
크게 뜨고 가려내야지 똥개 깡패

턱밑까지
침투한 세상 망신당하지 않으려면

2020. 8. 19

칼 마르크스 망령아

이쯤
했으면 썩 물러가거라

온 세계
구석구석 초토화시켰지

네가
그리도 싫어하던 기독교

신천지
사랑제일교회 쑥대밭 만들었지

네가
좋아하는 정권 총선승리 시켰지

온 국민
못살게 만들어 배급받게 만들었지

뭐가
더 이루고 싶어 끈질기게 달라붙어 있느냐

네 망령의 정체
더 알려지기 전에 냉큼 물러가는 게 좋을 게다

더 고집 부리다간
쌓아 놓은 네 실적 산산조각 바람에 날려 버리리

2020. 8. 22

마스크와의 동행

거리두기
3단계 격상 검토라며

어찌나
호들갑에 시끄러운지

모처럼
마스크와의 동행을 해 보니

자유는
간 곳 없고 마스크 잔소리뿐

다들 했으니
코스크는 그만두고 입스크만

아무도 없으니
어서 빨리 손스크로 바꿔라

저기 사람이 오니
다가오기 전에 어서어서 빨리빨리

동행을 하는 건지
상전을 모시는 건지 정신 차릴 수 없어

다른 마스크는
얌전한 것 같은데 왜 내 것만 이리도 예민한지

2020. 8. 25

잔반殘飯의 얼굴

잔반이
얼굴을 감싸고 운다

부끄러워서
억울해서 소리 내어

얼마나
어렵게 여기까지 왔는데

이게 뭐야
돼지 잔반도 이것보다 나아

꿈도 바램도
사라졌다지만 혐오스런 추물이니

자시고 일어서면서
날 한 번만이라도 되돌아보시구려

이 추한
내 모습이 바로 그대의 얼굴이라네

2020. 9. 12

※잔반殘飯 : 먹다 남긴 밥과 반찬

선산先山 인터체인지

첩첩산중
길 잃어 헤매던

어려서
어머니와 둘이서

전방에
영동고속도로 나더니

웬일이야
인터체인지까지 생긴다네

어느 왕릉도
누리지 못한 호강을 선산이

요모조모
잘 꾸며 놓는다면 쉽사리 들러

숭조사상
홍보에 한몫 단단히 할 수 있으리

2020. 9. 17

동서 번쩍 점심 순례

월요일엔
쓰산성엘 가 마라탕

화요일엔
순천집엘 가 갈치조림

수요일엔
목포집엘 가 가정식백반

목요일엔
전주집엘 가 고등어구이

금요일엔
텍사스엘 가 돼지바비큐

토요일엔
이태리집엘 가 부대찌개

오랜 덴
많은데 날짜가 부족해

난 아직
축지법 신통술 모르는데

쉽게 쉽게
동에 번쩍 서에 번쩍 하는구나

2020. 9. 21

이어 내리는 성묘 길

성묘 길
참 많이 변했지

시골 살 땐
낫 들고 풀 베며

서울 와선
기차 버스 택시 타며

자가용으로
비포장 시골 길 달리기도

영동고속도로
뚫리니 하룻길 수월해져

80 넘어서도
명절이면 차례 모시고 다녀온다네

길도 차도
점점 더 좋아지니 백세인들 못하리

꽤 달렸다 싶지만
아직 20년은 더 걸려야 지구 한 바퀴

살아생전
도달할 수도 있겠다는 자신감까지 생기니

2020. 10. 3

이별하는 웃방의 눈물

어떻게
이럴 수가 있어

나와
동고동락한 해가 얼만데

나와 함께한
아름다운 추억이 생생한데

날 데려가면
안 돼 큰 집으로 이사 간다며

미안 미안해
사별한 과부 신세보단 낫잖아

좋은 사람
만나 여생을 잘 보냈으면 해

친구 많은
내방에서 수다 떠는 것도 좋지만

아무리
있어도 내 귀여움받지 못할 바엔

잘 가시오 잘 가
다시 못 만난다 해도 추억만은 영원히

2020. 10. 10

제 3 부

설레임

삶

설레임 1
–어머니

어머닌
설레임의 대명사

어려서나
80이 넘어서나 늘

어버이날
생기기도 전 일찍

고생만
하시다 가시니 더욱

어머닌
내 생전 가슴을 울려 주네

조금만
더 사시다 가시지 너무하셔

106세 오늘까지
사시는 꿈을 꾸어 보는 하루

2020. 5. 8 어버이날에

설레임 2
–비

소년 농부
비를 무척이나 좋아했지

펄펄 끓는
밭을 매다 소나기 내리면

호미 자루 들고
와와 탄성을 지르며 뛴다

시원해서
공부할 시간을 만나 좋아

어찌 소년뿐
곡식이나 초목도 환호성을

더구나 직업이
물 98%라는 염(染)이다 보니

항상
비는 돈이요 복이요 자비이었지

오늘도
촉촉하게 내리는 빗속 운전을 하며

비는
밀어낼 수 없는 영원한 나의 설레임

2020. 5. 15

설레임 3
–책

책이 없어
공부 못하던 시절을 지나

돈이 부족해
청계천 헌 책방을 뒤졌으니

책은 나에게
늘 갈증 갈망의 대상이었지

살 돈도 읽을 시간도
넉넉해진 요즘은 눈이 피로해

이래저래
일평생 흡족히 즐기지 못하는 연인

기술 지식 지혜
그대 있어 내 이 자리에 서 있다네

만고의 스승
만고의 동반자 만고의 연인인 그대

부장품 되어 무덤
저승까지 데리고 가니 만고불변 설레임일세

2020. 5. 28

설레임 4
–시험

마음을
설레게 하는 시험

몇 해 전까지
시험 꿈꿀 정도이니

둘째 가라면
서운해할 시험의 달인이

시험이 없었다면
어찌 이 자리에 서 있으리

과거 시험
입학 취업 자격시험만이 아니다

우리는
매일매일 수명시험을 보며 산다

저승 문턱에서
보는 수명시험을 몇 번씩 합격해

새로운 인생
살아가고 있으니 역시 달인 아닌가

태어나 저승길까지
지속되는 일이지만 시험은 늘 설레임이어라

2020. 5. 31

설레임 5
—美音

허공을
넘나드는 아름다운 소리

라디오
축음기도 없던 어린 시절

걸립패乞粒牌가
마을에 들어와 가가호호 다니며

농악놀이를
하는 날이면 읽던 책 집어던지고

졸졸졸졸
한 시간이고 두 시간이고 따라다녔지

알고 보면 지금도
음악이 차지하는 비중은 너무너무 커

운전도 독서도
휴식도 고운 멜로디를 즐기며 함께하니

음악만큼 언제 어디서나
손쉽게 여러 시간 활기를 넣어 주는 게 또 있을지

2020. 6. 9

설레임 6
–美食

맛 따라
삼천리를 달리는

맛의
달인이다 보니

생선회
먹으러 부산까지

삭힌 홍어찜
즐기려 목포로 간다

술 마시던 시절엔
발렌타인 30년 정도라야

취할 정도
마호타이도 참 맛난 술

지금도
좋은 음식 소식엔 가슴 설레

찾아가
먹어보아야 직성이 풀린다네

우리 부모
혀를 잘 만들어 주신 덕분일세

2020. 6. 12

설레임 7
–美人

미인은
동서고금 요지부동의

가장 강력한
셀레임 중 설레임이다

조각을 하며
찾고 찾아보아도 역시

가장 아름다워
가슴을 뛰게 하는 대상

내 황소라면
젊고 발랄한 암소였겠지만

아무리 늙어가도
미인을 보면 즐거운 건 행복

젊은 여인
들끓는 종로 한복판이 좋아좋아

오늘도
마음의 싱싱함을 간직하며 살아간다

2020. 6. 21

설레임 8
–산책

산책만큼
오래된 설레임도 드물다

중학 40리 길
직장 35년 길 퇴직 23년 길

비가 오나 눈이 오나
추우나 더우나

하루도
빠짐없이 걷고 또 걸었다

산책은 좋아한다
눈도 코도 팔다리도 정신도

방콕 잘하는
친구를 보면 도저히 이해가 안가

아마도
나는 전생에 유목민이었나 보다

눈만 뜨면
집을 뛰쳐나와 달리고 걷고 걷는다

걸으며
사색도 하고 정보도 얻고 건강도 챙긴다

2020. 6. 23

설레임 9
–시상詩想

詩想은
새싹이야

단단한
땅을 뚫고 나오는

누구라도
예쁜 싹을 보면 설레지

들꽃이면
어떻고 잡초이면 어떠리

한 생명
고이고이 키워 내면 되는 걸

대지가 새싹을
뿜어내는 한 시상은 무궁무신

백세 천세까지도
살아 숨 쉬는 한 시를 쓸 수 있으리

2020. 6. 30

설레임 10
–여행

소풍 전날
밤잠 설치는 설레임

처음도
중간도 끝도 설레주는

여행은
남녀노소를 가리지 않지

늙어갈수록
추억 속 여행은 새록새록

출장 중 짬 내어
날아다닌 뿌듯한 영상은 더욱

기억이 하나 둘
사라진다 해도 끝까지 남아 있으리

건강할 땐 시간이 없고
시간이 있을 땐 힘이 모자라 못하는

여행의 설레임
그래서 더욱 값진 추억으로 떠오르네

2020. 7. 2

마라탕 당기는 날

기분이
꿀꿀한 날

배 속이
꿀꿀한 날

날씨가
꾸물꾸물한 날

마라탕
한 사발 들이켜면

한방에
시원시원하게 개인다

2020. 1. 27

겨울철 얼음물

식당 주인 : 더운물이 건강에 좋다는데
겨울철에 얼음물만 찾으시니

나 : 200살 넘게 살까 봐 걱정이 돼서요

2020. 2. 1

80% 쉬어야 하는 나이

그대가
60대이거든 60%를

그대가
80대이거든 80%를

쉬어야 하거늘
언제나 청춘인 줄 착각

과로 또 과로
병상에서 쉬는 꼴이어라

병상은 양호
까딱 잘못하면 땅속 휴식

누가 헛소릴
나이는 숫자에 불과하다

누가 뭐라 해도
나이는 나이일 뿐이라네

2020. 2. 11

일이냐 건강이냐

물론
중도가 좋지만

일에
열중하다간

자기도
모르게 건강을 잃고

건강을
우선시 하다간

큰일이
이루어지기 어렵다 보니

일하다
죽을 고비 맞이하길 되풀이

천만다행
죽지 않고 다시 일할 수 있으니

아마도
중도는 지키지 못했어도 壽福은 타고난 듯

2020. 2. 27

도전이냐 도피냐

삶
자체가 전쟁

전쟁
무섭다 도피 마라

도피자에게
남는 건 패배의 슬픔뿐

설령
목숨이 위태로워도 도전하라

도전자만이
성공의 영광을 얻을 수 있으리니

코로나 전쟁도
지내 놓고 보면 지나가는 태풍 같은 것

태풍이 무섭다
지하실에 콕 박혀 있다간 홍수를 만날지도

2020. 2. 29

문고리 장갑

코로나가
가지가지 시킨다

더운 계절
문고리 장갑까지

문 열 때
에스컬레이터 탈 때

악수는 안 한다
해도 손 쓰임새 많아

문고리 장갑 하나
사서 넣고 다니니 편리 깔끔해

2020. 4. 22

절반의 자화상

내 삶이
절반에 끝난 자화상

어렵게 한 공부
한참 써먹을 나이에

자식 넷
큰앤 중입 막낸 초입

일도 미완성
자식 교육도 시작 단계

작가 시인
조각가 숭조 프로부모

잉태도 못한 채
저승사자에 질질 끌려

단 한 가지 좋은 건
대머리 아닌 숱 많은 영정 사진

2020. 5. 2

왜 자꾸만 찐다냐

한 끼 밥 반 공기씩
오후 불식 하루 두 끼

군 주전부리는 과일뿐
하루 두 시간 이상 산보

그런데
자꾸만 찐다

어찌 그리도
성능이 좋은지

아마도
종돈으로 태어났다면

제격으로
생명 다하도록 위해 바치겠지

어쩌겠나
병 없고 마음 편하다는 뜻이니

지난번
큰 병 나니 단번에 10킬로 빠지데

병나지 않고
찌지 않는 묘수 언제나 터득하려나

2020. 5. 7

소금집델리 안국

좀처럼
먹지 않는 샌드위치

신문 홍보
보고 용기를 내어 혼자

11시부터
붐빈다기에 10분 전에

역시나
젊은 여성 손님이 줄 서

추천품
잠봉뵈르를 시켰는데

기막힌 궁합

졸깃졸깃한
바게트빵과 짭짤한 잠봉햄

거기다
너무너무 맛있는 감자튀김까지

우거지 해장국집이여!
젊은 손님 안 온다고 불평만 하지 마시게

2020. 5. 22

헌 집 리모델링하듯

헌 집
리모델링하듯

헌 몸
리모델링하는구나

영업하면서
간단한 수리가 아닌

문 닫아 걸고
완전히 뜯어고치는 일

이제
그만했으면 좋으련만

요즘 들어
자주 하다 보니 짜증나네

낡았으면
낡은 대로 풍기는 맛 있는데

안 하면
무너진다고 아우성이니 따를 수밖에

잘못하다간
리모델링 기간이 영업 기간보다 길어질까 걱정

2020. 7. 28 일주일 입원을 마치며

옷의 반란

덧대고
깁고 기운 바지

오죽하면
세탁소에서 불쌍타

기우면
어떠냐고 고집고집

아마도
참다 참다 못한 옷

이래도
네가 옷 안 살 거야

양복저고리
몇 날 며칠을 찾아도

발자국
하나 남기지 않고 꾹꾹

하는 수 없어
허름한 저고리 하나 샀다네

2020. 8. 15

제 4 부

한 인물 한 점 되어

人

쩌렁쩌렁 할배

도떼기시장
이라면 말도 안 해

TV도 자막만
나오는 병원 대기실

30여 평 공간에
쩌렁쩌렁 할배 통화

TK 특유의 억양
제 안방인 듯 안하무인

옆자리 여인
아는지 모르는지 침묵뿐

5분 정도면
말도 안 해 무려 20여 분

할배 망신
TK 망신
여자 망신
국제 망신

나설까 말까
참고 또 참으려니 화가 더 난다

2020. 2. 5

귀 씻을까 봐

난
요즘 삼간다

신종
코로나 무서워

방콕한
친구에게 전화도

혹여
귀 씻는 노고 끼칠까 봐

2020. 2. 9

엄마가 더욱 그리운 날

신종
코로나 무서워

누군
팔순 가족 모임도 파기

난
여든세 번째 생일 거기서

가족이
만나 맛난 음식 맛난 담소

그것도
아주 아주 중요한 일이지만

무엇보다도
엄마가 더욱 그리운 날이라서

무슨 일이 있어도
살아 숨 쉬는 한 생일을 챙기련다

2020. 2. 12

한 인물 한 점 되어

짧은
인연이든

긴
인연이든

한 점 되어
떠오르는 인물상

누구는 모자로
누구는 헐뜯음으로

누구는 넥타이로
누구는 타향살이로

아마도
추억은 산수가 서투른 듯

가장
강력했던 인상 한 점으로

아무리
잘 하다가도 한 번의 언행이

돌이킬 수 없는
인물 되어 남지 않게 조심조심

2020. 3. 18

엘리베이터 속 중년 신사

어르신은
마스크를 안 하고 다니시네요

선생이
내 대신 하셨으니 나까지 할 필요야

아하하하
맞는 말씀이군요

거기다
난 백신*까지 신고 다니니까요

2020. 3. 27

*백신: 나이키 흰 운동화

어쩌다 딸부자

어릴 적
아들부자를 꿈꾸었는데

어쩌다
딸 열다섯을 시집보내다니

매년 한 명씩
보내다 보면 몇 명까지 될지

늙어가는 내가
할 수 있는 일이다 보니 만족

더구나 이번엔
코로나19로 답답했던지 더 좋은 반응

2020. 5. 1

아흔 살에도 물질

일요일
5시 보물섬 프로

아흔 살에
물질하시는 할망

물질이
건강을 보장했는지

건강이
물질을 지속시켰는지

그거야
바로 그거 습관처럼

하시다 보면
아마도 백 세까지도 가능하리라

나도 세 가지
운전, 산보, 시 쓰기 좋은 습관

하다 보면
누가 알리 백 살까지 지속될지

폭우 속
운전대를 잡고 출근하며 꾸어 본 꿈

2020. 5. 24 일요일 아침

어느 노인의 자살

어느
80 넘은 노인

아주 튼튼해
고뿔 배탈 한 번 없이

태권도 9단
턱걸이 수십 번도 거뜬히

아 그런데
시름시름 식욕이 떨어지더니

몇 주 지나자
체중이 7킬로 줄어 대학병원 진단

폐암 말기에
암이 피부 뼛속까지 온몸에 퍼졌단다

한마디로
너무너무 친구가 없어 부른 자살 행위지

운동 친구 하나론 안 돼
병 친구도 약 친구도 음식 친구도 필요한데

2020. 6. 5

배은망덕 안할 복

짐승도
입은 은혜 갚을 줄 아는데

인간이
배은망덕한다면 짐승만도 못한 짓

인간으로 태어나
해야 할 일 중 은혜 갚는 일이 가장 중요

지체하지 말고
그때그때 바로바로 갚아야 후회 안 해

천만다행
어려서부터 철저히 받은 교육 잘 실천해

받은 부조 하나까지도
열심히 갚다 보니 마음 걸리는 일 없구나

크나큰 부모 은혜
배은망덕 안할 복까지 타고 나니 더 무엇을

80 평생 뒤돌아보니
많고 많은 일 했다만 배은망덕 안한 게 가장 흐뭇해

2020. 7. 27

문득 할아버지 생각

마라탕
맛있게 먹다

문득
할아버지 생각

짜장면
한 그릇 사 주지 않은

아침에
나서면 점심은 쫄쫄쫄

전차도
안 타고 하루 종일 걷던

추억만
생생히 떠오르는 할아버지

돌아가신 지
70년이 가까운데 생뚱맞게

근검절약
당대에 200석 재산 일구시고도

사탕 한 알
사 잡수지 않은 게 몹시 걸렸나 보다

2020. 9. 14

저세상의 푸념 소리

내
이럴 줄 알았어

무덤 제사
지내겠다고 할 때부터

이번 추석
꼼짝없이 굶게 되었으니

자식
대학 유학공부 무슨 소용

저
행랑아범 소학교만 가르쳐도

제사 차례
상다리가 부러지도록 차리니

배 쫄쫄도
참기 어렵지만 창피 창피 말도 못해

자식들아
너희들이 죽어 그때 가서 후회한들 늦으리

제발 제발
하루빨리 정신 차려 불쌍한 우릴 구해 주렴

2020. 9. 19

할아버지 우리 할아버지

늠름한 모습
하늘을 찌를 듯한 기개

명석한 두뇌
정확한 판단력에 근검절약

호통 한마디 없이
주위가 두려움을 갖게 하는

보기 드문 입지전적 인물
그가 바로 우리 할아버지였지

콩나물죽 3년으로 시작
50년 걸려 이룬 200석지기 재산

돌아가시니
50년도 안 되어 흔적도 없이 사라져

종손이 땟거리
걱정이니 제사인들 제대로 받아 잡수실지

살아생전
먹지도 입지도 못하고 아끼기만 한 재산이라 더욱

네 띠 호랑이 동갑 손자
할아버지처럼 살다 가지 않으려 여기저기 흔적을 남기고 있답니다

2020. 10. 14

호랑이의 활보 코로나시대

혼자 있길
좋아하는 호랑이

혼자 사냥
혼자 먹고 자는

호랑이
습성을 닮은 나

38년 戊寅생
외아들로 태어나

홀로 자라
홀로 자수성가해

더욱이
은퇴 후에는 늘 혼자

아침 4시 반
일어나 7시까지 출근

혼자 먹고
혼자 산책하니 꼭 호랑이

코로나19보다
더 지독한 놈이 온다 해도 끄떡없으리

2020. 10. 17

양반시대는 가고 천민시대

양반시대에는
부모를 모셔야 인간 취급을 받았지

중인시대에는
부모의 임종은 지켜야 인간 취급을 받았는데

천민시대가 되니
부모의 장례식에도 참석하지 않는 놈이 있구나

시대 탓만 하지 마라
남이야 천민으로 타락해도 양반으로 남으면 되는 게야

저승도 가기 전에
개돼지로 된 천민 죽어 환생하면 곤충신세 못 면하리라

2020. 10. 21

※ 외아들로 위중한 아버지를 버려둔 채 요트 사서 놀러 미국엘 가 부음을 듣고도 돌아오지 않은 이일병 연대 명예교수의 천민행위를 바라보며.

제 5 부

똑 똑 똑

道

똑 똑 똑

정몽주 : 똑 똑 똑

이방원 : 뉘신가?

정몽주 : 나 포은일세!

이방원 : 어서 오시게나!
이게 얼마 만인가?

정몽주 : 어언 600년이 넘었지

이방원 : 철천지원수인 나를 웬일로?

정몽주 : 처음엔 그랬지만 자네가 나를 만고충신으로 만들어 주지 않았나?
고맙다는 인사를 하려고 벼르고 별러서 이렇게!

2020. 1. 31

소설은 아니야

아무리 미워도
팩트로 욕하시오

소설 써
거짓 지어 헐뜯는다면

그 한마디로
당신이 평생 기도한 공덕

한순간
물거품 되어 사라진다오

복 짓는 것
아주 아주 중요한 일이지만

더 중요한 건
남아 있는 복 지키는 일이라네

이회창 대선 때
김대엽 소설 써 낙선시키더니

말년에
얼마나 비참한 몰골이 되었는지

남의 일 아니라오
당신도 그런 실수 안 하는지 조심 또 조심

2019. 12. 23

기도 안한 까닭

절망적
상황을 당하면

살려 달라
울며 기도한다는데

난
몇 번 죽을 고비에도

누구에게
매달려 본 기억 없어

곰곰이
까닭을 생각해 본다

가령

평소에
조상을 잘 뫼셨으면

알아서
도와주실 것 아닌가

아마도
그런 심정이 빚어낸 결과이리라

2020. 2. 2

낙원 길 마귀바이러스

낙원
가는 길엔

마귀
훼방을 놓게 마련

석가모니
득도를 가로막던 마왕처럼

사스바이러스
신종 플루바이러스
메르스바이러스
신종 코로나바이러스

겁쟁이 친구
바이러스 나타날 때마다

오던 길
되돌아가길 반복 반복해

폐가에서
생을 마감하는 가련한 신세

용감한 친구
요리조리 피해 낙원에 도착하는구나

202. 2. 7

떠 있는 까치집

종로3가
떠 있는 까만 까치집

가지 친
하얀 플라타너스 꼭대기

운현궁 앞
잘려 나가던 일 엊그젠데

마음 착한
아저씨 복 짓는 일 했구려

까치의 노고
헤아린다면 당연한 일인데

누구는
잘라 내고 누구는 살려 내네

복 짓는 일
몸에 배면 자손 번창하리라

2020. 2. 21

일상이 행복이라오

아침 일찍
눈 뜰 수 있으니 행복이오

벌떡
일어날 수 있으니 행복이오

맛나게
밥 먹을 수 있으니 행복이오

출근할
사무실 따로 있으니 행복이오

운전해
신나게 달릴 수 있으니 행복이오

점심 후
종로 산책 즐길 수 있으니 행복이오

시상 떠오르면
시 한 수씩 쓸 수 있으니 행복이오

퇴근하면
날 반겨 주는 아내 있으니 행복이오

아직도
이루어야 할 서원 있으니 행복일세

2020. 3. 6

코로나19보다 센 놈 1

점심시간
넓은 홀 가득

어느 누구도
마스크 쓴 이 없어

코로나19
제아무리 세다 해도

밥
앞에는 무릎을 꿇는구나

밥보다
약한 놈한테 절절매는 인간이여

2020. 3. 10

코로나19보다 센 놈 2

세월님
제발 조금만 천천히

제가
아무리 세다 해도

어찌
세월님을 이길 수 있으리오

다만
전 세계를 정복할 때까지만

이렇게
무릎 꿇고 비나이다 비나이다

2020. 3. 13

코로나19보다 센 놈 3

코로나19야
나 명품인데

잡으려면
우리를 잡아야지

왜
서민층을 괴롭히냐

날개가 없어
땅바닥만 핥는 모양이지

아무래도
넌 무능하고 비겁한 놈이야

2020. 3. 15

코로나19보다 센 놈 4

애들아
어서 도망가자

스님이
백신*을 신고 온다

2020. 3. 25

*백신 : 흰 고무신

매장 신앙埋葬信仰

난
매장 신앙자라

모든 조상
분들 묻어 모셨지

나도
묻힐 자리 정해 놓았는데

청천벽력
코로나19로 죽으면 화장이라니

위헌이야 위헌
엄연히 신앙의 자유 보장돼 있는데

찾아야 해
병균확산 방지할 수 있는 합헌방안

2020. 3. 22

두터워져 가는 나이테

인고의
시간 깊고 길수록

인간의
나이테 두터워져만 가

아이가
중병 후 철이 들듯이

철부지
인간들 정신 좀 차리려나

코로나여
철없는 인간들 깨우쳐 주렴

쓸데없이
나이테만 굵고 단단히만 말고

2020. 4. 3

아버지 80주기(周忌) 날

제사를
아무리 모시고 싶어도

집안에
우환이 있거나
초상이 났거나
출산을 했거나
혼인날을 잡았을 땐

지내지
못하는 게 관습인데

우리 아버지
복도 많으시지 외아들한테

용케용케
80회를 한 번도 빠짐없이

정말 어려운 일이야

향후에도
내 손으로 직접 100周忌까지 지낸다면

아마도 기네스북감이 될 거야

나도
더욱 근신하며 살아야겠다고 다짐해 본다

2020. 4. 15

어느덧 터줏대감 반열

엉덩이
무거운 탓에

한 번
자리 잡으면

끝장을
보는 성격이라

가는 곳
마다 터줏대감 소리

한 직장
한 공장 35년에 터줏대감

수유리 집
반세기니 자타공인 터줏대감

종로 산보
4반세기 가까워 터줏대감 반열

아무리 그래도
시공을 넘은 마음속 터줏대감은 어려울 듯

2020. 5. 6

그물망 벗어난 노년

겹겹이
덮여 있던 그물망

자라나며
한 겹 두 겹 벗겨지더니

마침내
한 겹도 남지 않았구나

좋게 보면
하늘을 훨훨 날 수 있는 자유

어찌 보면
황야에 홀로 버려진 외로운 신세

어떠하리
이런들 저런들 대자유의 몸 되었으니

창공을

힘차게 날으며 못다 한 대도를 이루리라

2020. 6. 15

어느 노부부의 슬픔

80대 후반 할배
직장 다니며 돈 버는데

5살 밑 할매
척추수술 받고 아파한다고

몇 날 밤새워
간호하더니만 덜컥 큰 병

딴 방에 가
푹 잤더라면 괜찮을 할배

죽지는 않을 병
할매 돌보다 죽음에 이르렀구나

장수도 행복도
지혜로운 이들이나 누릴 수 있나 보다

2020. 6. 18

최후의 자화상

좀처럼
쓰지 않는 말

최후니
마지막이니 하는

그렇다 해도
누구에게나 꼭 오는

미리미리
준비하고 대비해야지

뭐니 뭐니 해도
홀로 서서 살다 가는 거야

그런데 그게
간단한 일이 아닐 수 있어

100세 시대라
금전 문제뿐만 아니라 정신 문제까지

그럭저럭이 아닌
다지고 다져 최후의 자화상에 먹칠 말아야

2020. 7. 6

주인 잃은 장군석

어쩌다
넌 주인 잃고

처량히
비 맞고 있느냐

당당한
풍채 값도 못하고

어디로
팔려 나갈 날만 기다리니

네 주인
자손들 널 닮아 있겠구나

훌륭한
제 조상 팔아먹은 꼬락서니

보나 마나
구렁텅이에 빠져 허우적허우적

제 조상
쉽게 쉽게 내팽개치는 인간들

네 몰골
보면서도 깨닫지 깨닫지 못하리

2020. 8. 30

노년은 낙원

부양해야
할 자식이 있나

효도해야
할 부모가 있나

통과해야
할 시험이 있나

부러워해야
할 권력이 있나

두려워해야
할 상대가 있나

기다려야
할 사람이 있나

가을 하늘
한 조각 구름처럼 자유롭구나

2020. 9. 2

뛰어 봤자 부모 손바닥 안

사방팔방
종횡무진 뛰고 뛰었지만

어디에도
가로막는 벽을 만나지 못해

뛸 공간
넓고 넓기도 하다 느끼면서

부모 손바닥
쯤은 훨씬 벗어난 줄 알았는데

80평생
뛴 게 부모 손바닥 안일 줄이야

자식들아
뛰어 보지도 않고 부모 탓하지 마라

2020. 9. 5

저승사자의 눈물

천사
착함의 대명사

저승사자
악함의 대명사

아니야
그들에게도 눈물은 있어

자비의 눈물
살려고 발버둥 치면 돌아서지

효심의 눈물
지극 정성의 효심을 보면 역시

염라대왕
경영 잘해 공무원 늘리지 않아

해야 할 일
산더미처럼 밀려 순위 재량권 있지

삶을 포기한
인간만 잡아가기도 바쁘니 그렇다네

공포에 떨지 말고
저승사자 입장에서 생각하면 장수하리라

2020. 9. 9

아내의 생명력

류머티즘 약
젊어서부터 수십 년

척추협착증 수술
60대 한 번 70대 한 번

불면증 약
사흘도리로 복용해야 잠

눈만 뜨면
이일 저일 눈코 뜰 새 없지

먹는 건
밥 말고는 고기 생선도 조금씩

어디서
생명력이 나오는지 궁금할 수밖에

살펴보니
하루 두어 시간씩 꼭 하는 기도인 게야

○년 ○월 ○일생
아무개 무병장수 만사형통하게 그저그저

수많은 사람 하나하나 거명
아무리 피곤해도 꼭 하는 보시가 생명력인가 봐

2020. 10. 7

제 6 부

초목의 계절

然

가슴 아픈 향나무

집
매매 계약하던 날

가장
먼저 떠오른 걱정이

반세기
친구 네 생명이었다

밥을 달라 했나
옷을 달라 했나
학비를 달라 했나
용돈을 달라 했나
집을 사 달라 했나
병을 고쳐 달라 했나

묵묵히
무럭무럭 3층까지 자란 너

너처럼
착한 인간 아직 못 보았구나

어쩌나
너의 생명을 보장할 수 없어

몇백 년
더 살 수 있는 창창한 나이 가슴 아파

2020. 3. 8

코로나 벚꽃 길

인기척 끝난
윤중로輪中路 벚꽃 길

꿀 빨다
꾸벅꾸벅 졸던 흰나비들

뚝 뚝 뚝
떨어져 길바닥에 뒹굴뒹굴

2020. 4. 7

연꽃을 싹 틔우며

자궁 속
천년도 거뜬하다는

너
싹 틔우기 어려워

성년의
너와는 달리 너무 연한

싹
키우기는 더욱 어렵구나

매일
출근하면 너를 키우는 재미

젊어
자식 키울 때만큼이나 쏠쏠

먼
조상들의 사랑을 독차지할 만큼

매력적인
너 오늘날도 뭇 팬 거느렸구나

2020. 4. 14

추억 속 창경궁

추억 속
창경궁 손바닥만 한데

오랜만에
와 보니 너른 운동장

한 바퀴
돌기 벅차 허덕허덕

한 10년 후
오면 얼마나 넓어지려나

2020. 4. 29

美친 가을 하늘

아직
칠월도 남았는데

웬
드높은 가을 하늘

美를
얼마나 치고 쳤기에

저리도
아름다울까 처음 보네

더욱
부러운 건 흰 구름 한 조각

그대의 도
하늘을 찔러 두둥실 자유로이

2020. 7. 26

초목의 계절

폭우가
세차게 쏟아지니

큰 나무
작은 풀까지 환호성

와 와 와
행복에 겨운 저 모습

바라보는 이
심정도 흐뭇한 풍경

깨끗한 곳 더러운 곳
거목 잡초 가리지 않아

만약 만약에
저 비가 내편 네편을 가려

내린다면
초목이 저처럼 흥겨워하지 않으리

2020. 8. 3

바람 바람이여

나 그대 있어
외로움을 잊고 산다네

한해 두해
하나 둘씩 떠나가는 나이에

나 그대 있어
베품 이치 깨치며 산다네

미우나 고우나
가리지 않고 골고루 나누는

나 그대 있어
날로 새로움 느끼며 산다네

순간순간
스치는 그 몸의 새 향기 맡으며

나 그대 있어
울분을 훨훨 날리며 산다네

아무리 아무리
숨 막히는 일 당해도 언제 그랬냐는 듯

나 그대 있어
종신자식 걱정 안 하고 산다네

백세 천세 살다
이승 하직할 때 내 곁 꼭 지켜 줄 것이기에

2020. 9. 26

명당 터줏대감이시여

이제
작별을 고할 시간이네요

근 오십 년
한결같이 품어 보호해 주신

명당
수유동 451-76 터줏대감이시여

단 한 명도
먼 길 떠난 이 없게 지켜 주시고 壽

재산은
지금도 늘려 부자 되게 해 주시고 富

늙어서도 현역으로
활동 사회에 이바지하게 해 주시고 貴

아침 일찍
출근 오후 퇴근하는 건강을 주시고 康寧

2남 2녀 생산
일류대학 나와 결혼 자립하게 해 주시니 子孫衆多

아마도 이런 오복
갖춘 명당 좀처럼 찾을 수 없을 것입니다 五福

인연 다해
이제 떠나가는 몸이지만 모쪼록 강녕하시길 바라며

감사 또 감사합니다 안녕!

2020. 11. 1

삶의 위무로서의 시를 위하여

–한두현 제07시집 『설레임』

권 오 운

〈시인 · 중앙대 문창과 겸임교수 역임〉

* 고단한 삶일수록 너른 품이 있다

한두현(韓斗鉉)은 완강하다.

그래서 그의 시도 말뚝 박아 놓은 듯 요지부동이다. 아니다. 이렇게 말하면 자칫 미숙(未熟)하다거나 생경(生硬)하다거나 부진(不振)하다는 뜻으로 받아들여질 수 있기 때문이다.

시인 한두현은 항상 모범생 같은 풍모를 지녔으며 그의 시도 그렇다.

시란 무엇이며 시(또는 '문학')가 우리 삶에 어떻게 기능하는가 라는 다소 식상한(케케묵은) 담론은 오랜 세월을 두고 끊임없이 운위되고 있다. 그러나 그 어느 결론도 시원스러운 정의(定義)에 이르지는 못하고 있다.

'시(詩)' 는 '말[言]의 절간[寺]' 이라는 우스개가 그럴싸하게 오르내리고 있을 뿐, 다만 다른 학문과 견주어 그 의미를 유추하게 하는 경우가 대부분이다. 예컨대 다음과 같은 예가 그 하나이다.

'학교를 다녀 본 사람이라면 기억할 것이다. 첫 시간에 국어독본을 읽고, 둘째 시간에 수학문제를 풀며, 셋째 시간에 영어를 배우고 나면 도시락을 까먹고 다시 물리학을 배운다.

이와 같은 '앎' 의 엄격한 구별은 마치 바다와 산처럼, 남녀의 구별처럼 자명한 자연현상으로 생각하기 쉽다. '(박이문의 〈시와 과학〉)

그는 이어 '그러나 지적 요구를 따라 바다나 산의 본질을 알아내고 남녀 간의 관계를 이해할 수 있듯이, 각기 학문의 본질이 무엇이며 그것들 사이에 어떠한 관계가 있는가를 추구하고 싶은 충동은 이성적 동물로서의 사람의 자연스러운 현상이라 하겠다. 수학을 통해서 정확한 사고력을 키우고, 영어를 통해서 한 사회의 의미 전달의 규칙을 외며, 물리학을 통해서 자연현상의 본질을 알며, 시나 소설을 읽음으로 딴사람들의 자연이나 인생에 대한 경험을 알세 된다' 며 '딴사람' 을 불러들이고 있다. '딴사람' 이란 누구인가? '나' 의 또 다른 '나' 임을 이내 알 수 있다.

시인 한두현이 우리에게 보여 주는 '딴사람' 은 결코 생판 '엉뚱한' 사람이 아니다.

네 아니었다면
집을 날리고 어찌 길바닥 굶주림을

네 아니었다면
중학 진학을 2년씩 못하고 어찌 농사를

네 아니었다면
고학하며 공부하다 어찌 폐결핵의 고통을

내 염라대왕에 오르는 날
네 부모인……

—〈칠순둥이 6.25야〉 부분

난 아직 그대와 같은
진짜 보살을 본 적이 없구나

자식은 물론
자신의 몸까지 다 내어 주는 보살

그대의 보시가 없다면
다람쥐며 소며 인간이 어찌 존재하리

다 내어 주고도
공치사 한 번 하지 않는 묵묵한 그대

난 아직 듣지 못 했네

....

–〈초목보살〉 부분

'네 아니었다면'의 '네'와 '내 염라대왕에 오르는 날'의 '내'와 '네 부모'의 '네'도 들여다보면 이들은 '나'이고 또 '너'이고 '그대'가 다 같은 대상이고 다 같은 '자신임'을 알 수 있다.

따라서, '심장은 이성이 인식하지 못하는 이상을 가지고 있다'(파스칼)는 능청도 이해하게 된다.

* 감정이나 인상을 운율이 있는 언어로 나타내는 표현 예술

어떤 감정이나 사물에 대한 인상을 운율이 있는 언어로 표현한 운문문학이 바로 시(詩)이다. 시는 모든 문학양식의 모태로서 인간의 가장 순수한 경지를 표현하는 장르이다.

이러한 시는 형식, 내용, 사조에 따라 자유시, 정형시, 산문시, 서정시, 서사시, 극시(劇詩), 낭만주의 시,

상징주의 시, 초현실주의 시 따위로 구분할 수 있다. 또 시를 형성하는 요소로는 운율, 이미지, 비유와 상징, 어조 등이 있다.

시와 시가 아닌 것의 판별은 첫째, 생각의 단위가 문장이 아니라 행(行)이라는 데에 있으며, 둘째, 행갈이만으로 시가 되는 것은 아니며, 셋째 시에는 리듬이 있다는 것이다.

집에 온 손님
물 한 모금이라도 대접해야

설령 불청객
구걸 승이거나 거렁뱅이라도

한발 더 나아가
세균이나 코로나바이러스일지라도

문단속 잘 못해
일단 집안에 들어왔으면 손님이라
–〈집에 온 손님 대접〉 부분

'도둑' 을 '손님' (밤손님)이라고 하고, 또 '들보 위의 군자' 라는 뜻으로 '양상군자(梁上君子)' 라고 하듯이 상대방의 신분을 올리거나 내리거나 하여 전혀 다른 신분의 대상이 되게 하는 경우이다.

어머닌
설레임의 대명사
−〈설레임 1 −어머니〉 부분

항상
비는 돈이요 복이요 자비이었지

오늘도
촉촉하게 내리는 빗속 운전을 하며

비는
밀어낼 수 없는 영원한 나의 설레임
−〈설레임 2 −비〉 부분

만고의 스승
만고의 동반자 만고의 연인인 그대

부장품 되어 무덤
저승까지 데리고 가니 만고불변 설레임일세
−〈설레임 3 −책〉 부분

저승 문턱에서
보는 수명시험을 몇 번씩 합격해

새로운 인생
살아가고 있으니 역시 달인 아닌가
−〈설레임 4− 시험〉부분

〈설레임 1 –어머니〉의 '대명사', 〈설레임 2 –비〉의 돈, 복, 자비, 〈설레임 3 –책〉의 동반자, 연인, 설레임, 〈설레임 4 –시험〉의 수명시험, 달인이 모두 상징이 된다.

시의 한 요소로서 기본처럼 일컬어지는 것 가운데 '상상력'과 '상징'이 있다. 비슷한 것 같으나 실은 많이 다르다.

* 그리움의 머리부터 설레임의 발끝까지

한두현의 시를 관통하고 있는 모티브의 하나는 '설레임'이다. 사랑이나 연인, 그리움은 말할 것도 없고, 고향 산천이나 어머니, 어린 시절의 뛰놀던 추억, 철부지 시절의 편린(片鱗)까지 견딜 수 없는 설레임이 된다. 보이지도 않고 들리지도 않고 잡히지도 않는 것을, 보고 듣고 잡을 수 없는 것을 잡을 수 있는 것처럼 생각하거나 그렇게 할 수 있는 정신적 능력이 '상상력(想像力)'이고, 하나의 사물이나 현상을 직접 지시하지 않고 그것을 표상할 수 있도록 다른 사물이나 사건에 의탁하여 비유적으로 표현하는 문학예술 기법이 '상징(象徵)'이다.

미인은
동서고금 요지부동의

가장 강력한
셀레임 중 설레임이다

조각을 하며
찾고 찾아보아도 역시

–〈설레임 7 –미인〉 부분

산책만큼
오래된 설레임도 드물다

중학 40리 길
직장 35년 길 퇴직 23년 길

비가 오나 눈이 오나
추우나 더우나

하루도
빠짐없이 걷고 또 걸었다

–〈설레임 8 –산책〉 부분

詩想은
새싹이야

단단한
땅을 뚫고 나오는

누구라도
예쁜 싹을 보면 설레지

—〈설레임 9 –시상〉 부분

소풍 전날
밤잠 설치는 설레임

…………

여행의 설레임
그래서 더욱 값진 추억으로 떠오르네

–〈설레임 10– 여행〉 부분

미인은 가장 강력한 설레임 중의 설레임이고, 홀로 오솔길을 산책하는 것도 '설레임이고' 단단한 땅을 뚫고 나오는 새싹도 가슴 울렁거리는 설레임이 된다.

* 자잘한 일상이 큰 행복으로 다가올 때

아침 일찍
눈 뜰 수 있으니 행복이오

벌떡

일어날 수 있으니 행복이오

맛나게
밥 먹을 수 있으니 행복이오

출근할
사무실 따로 있으니 행복이오

운전해
신나게 달릴 수 있으니 행복이오

점심 후
종로 산책 즐길 수 있으니 행복이오

시상 떠오르면
시 한 수씩 쓸 수 있으니 행복이오

퇴근하면
날 반겨 주는 아내 있으니 행복이오

아직도
이루어야 할 서원 있으니 행복일세

–〈일상이 행복이라오〉 부분

겹겹이
덮여 있던 그물망

자라나며
한 겹 두 겹 벗겨지더니

마침내
한 겹도 남지 않았구나

좋게 보면
하늘을 훨훨 날 수 있는 자유

어찌 보면
황야에 홀로 버려진 외로운 신세

어떠하리
이런들 저런들 대자유의 몸 되었으니
—〈그물망 벗어난 노년〉 부분

한두현의 일상도 보통 사람의 그것처럼 한없이 자잘하다. 그런데도 보잘것없는 그의 일상은 온통 행복 뿐이다. 그뿐이 아니다. 그는 늘 갇혀 있으면서 놓여나 있다.

'아침 일찍 눈 뜰 수 있으매', '맛나게 밥을 먹을 수 있으매' '출근해 일할 수 있는 사무실이 있으매' '신나게 운전하여 달릴 수 있으매' '종로거리를 산책할 수 있으매' '시상이 떠오르면 시를 지을 수 있으매' '퇴근하면 반겨 주는 아내가 있으매' '아직도 이루어야 할 서원이 있음' 으로서다.

'자유' 도 그의 것은 별나다. 황야에 홀로 버려진 외로운 신세면서 동시에 하늘을 날 수 있는 자유로운 형편이다. 그것이 평소에 잘 견지되고 있는 그의 시적 여유이다.

* 우리의 삶은 언제나 느닷없이 오고 간다

어느 결에 우리의 삶이 비틀거리며 다가오거든 거침없이 나아가 팔을 벌려 맞아야 하리라. 내가 아니면 내 삶은 온전히 거두어지기가 어려운 까닭이다. 이때 죽음도 그늘을 드리우고 가쁜 숨을 몰아쉴 테니까 말이다.

죽음을 앞세우고 가는 사람은 없다. 죽음은 언제나 느닷없이 오고 가기 때문이다.

> 살 것인가 죽을 것인가, 그것이 문제로다./ 운명의 돌팔매와 화살을/ 마음속으로 견디는 것이 고상한가?// (………)// 죽는 것은 잠자는 것,/ 그뿐이다. 피치 못할 충격을/ 끝낼 수 있다면,/ 그것이야말로 잠들면/ 아마 꿈을 꾸겠지 -〈셰익스피어〉 부분

> 죽음은 위내하다/ 우리는 웃고 있는/ 그의 입이다.
> -릴케의 〈에필로그〉

바람은 '능동적이고 격렬한 상태에 있는 공기' 라는 뜨듯미지근한 삶의 정의로는 죽음을 옳게 설명할 길이 없다. 죽음은 언제나 명쾌하지도 사려 깊지도 않다. 시인 한두현이 심드렁한 표정으로 애써 시를 되작거려도 파도가 파도를 엎지를 수 없듯이 바람이 제 꼬리를 말아올리고 있다.

이제
작별을 고할 시간이네요

근 오십 년
한결같이 품어 보호해 주신

명당
수유동 451-76 터줏대감이시여

단 한 명도
먼 길 떠난 이 없게 지켜 주시고 壽

재산은
지금도 늘려 부자 되게 해 주시고 富

늙어서도 현역으로
활동 사회에 이바지하게 해 주시고 貴

아침 일찍
출근 오후 퇴근하는 건강을 주시고 康寧

....

인연 다해
이제 떠나가는 몸이지만 모쪼록 강녕하시길 바라며
-〈명당 터줏대감이시여〉 부분

일상의 사소하고 보잘것없고 느닷없음에도 품을 열어 안아 주는 아름답고 고귀한 시정신을 우리는 안다. 그리고 그 시인의 올곧은 품성이 새삼 휘늘어지는 까닭이 확연히 보인다. 시인 한두현만이 일구어 낼 수 있는 톡톡한 마음밭이다.

삶의 틈새에는 아름다운 길이 나 있다

—한두현 제06시집 『틈새의 美』

권 오 운

〈시인 · 중앙대 문창과 겸임교수 역임〉

* 틈새기로 들어오는 빛이 더 아름답다

틈새 있어
만물이 숨 쉬고 움직이니

틈새야말로
없어서는 안 될 아름다운 존재이지만

조물주가
인간 몸 틈새의 비율을 잘못 만든 듯

내가 조물주라면

입은 쪼그만 병어 입으로

귀는 커다란 코끼리 귀로 만들었을 것이다

벌어진
입으로는 온갖 거짓말 사기 중상모략

뚫어진
귀로는 자기가 듣고 싶은 말만 듣는 인간

성형수술 해서라도
입은 반으로 꿰매고 귀는 배로 늘리고 싶은 심정
-〈틈새를 아름답게〉 전문

틈새가 있어서 만물이 숨을 쉬고 움직이니, 틈새야말로 없어서는 안 될 아름다운 존재이며, 내가 조물주라면 입은 조그만 병어 입으로, 귀는 커다란 코끼리 귀로 만들었을 것이다. 벌어진 입으로는 온갖 거짓말로 중상모략, 귀로는 듣고 싶은 말만 듣는 인간임을 시인 한두현은 〈시인의 말〉에서 당조짐하고 있다. 또 성형수술을 해서라도 입은 반으로 꿰매고, 귀는 배로 늘리고 싶은 심정임을 고백하고 있다.

바위 틈새로
시원한 샘물이 솟는다

몸의 틈새로
눈 코 귀 입이 숨쉰다

빌딩 틈새로
바람 햇볕 시내가 비친다

하늘 틈새로
비 내리고 별빛 쏟아진다

일요일 틈새로
운전 산보의 여유를 즐긴다

인간의 틈새로
사랑과 우정이 무르익는다

인품의 틈새로
가까이 다가갈 매력을 느낀다
–〈틈새의 미(美)〉 전문

'틈' 은 언제 어디서나 가까스로 존재한다.

그리고 틈은 몸부림을 쳐도 자신의 윤곽을 함부로 깨트리지 않는다. 틈은 팔씨름을 하거나 물구나무를 서서도 자신을 허물지 않는다. 틈은 허리춤에서 허리를 잃고 허벅지에서 장딴지를 잃었다. 틈은 잃을 것을 잃고 간직할 것은 간직해 나가고 있다.

그러면서 틈은 쉼없이 틈입(闖入)을 노린다. 틈은 틈 말고는 달리 노릴 것이 없기 때문이다. 그래서 틈은 틈과 틈 사이에 간신히 존재한다.

＊ 인간의 틈새에는 돌이킬 수 없는 과오가 있다

모든 틈새와 틈새 사이에는 별개의 틈이 있다. 이목구비의 모든 틈에는 (눈에는) 눈틈새, (코에는) 코틈새, (귀에는) 귀틈새, (입에는) 입틈새가 있는 것처럼…… 그러고 보면 틈 자체가 커다란 과오요 흠이라고 할 수 있다. 그러나 한두현은 틈에 대한 각별한 애정과 배려가 있어 보인다.

'바위 틈새' 의 샘, 몸(눈, 코, 귀, 입) 틈새, 빌딩 틈새의 바람과 햇볕, 하늘 틈새의 비와 별빛, 일요일 틈새의 산보, 인간 틈새의 사랑과 우정 따위가 이를 잘 보여 준다.

틈은 스스로 자신을 만들지 못 한다.

어떤 모임
점점 맛이 나는데

어떤 모임
점점 맛이 떨어지니

호기심
발동 맛난 모임 연구

서로서로
존중하는 마음이 으뜸

누구라도
1분 이상 지속발언 금물

귀가
어두워 똑똑한 발음으로

눈빛 보며
반응에 따라 추가발언 결정

지루한
강연을 하려면 차라리 침묵을

뭐니 뭐니 해도
툭툭 한마디씩 던지는 유머가 그리워

—〈맛난 모임 연구〉 전문

한두현의 시에는 비유, 은유, 상징, 우화, 반어 따위의 수사가 아예 배제되어 있다. 보통 사람의 시라면 큰 흠이 되어 왈가왈부하고도 남았으리라. 그러나 한두현의 시를 곰곰 곱씹어 본 사람이면 이해하고도 남으리라. 한두현의 시는 투박하기는 해도 설명적이지는 않기 때문이다. 시의 본령이 그러하지 않던가.

맛이 나는 모임, 맛이 떨어지는 모임, 서로를 존중하는 모임, 지속 발언은 금물, 추가 발언 금물 따위를 보면 그의 단호한 결의를 짐작케 한다.

세상은 끊임없이 움직이고 있다. 또 움직이는 것은 조금씩 변해 간다. 오늘 있는 것은 어제 있었던 것이 아니며 내일 있을 것은 오늘 있는 것을 거절하거나 다른 것을 마련한다. 어제의 나와 오늘의 나는 전혀 다를 것이 없어 보이지만 실은 그렇지 않다.

* 위대한 시인이면 그는 위대한 철학자이기도 하다

"위대한 시인이라면 그는 이미 위대한 철학자이다"라고 일갈한 영국의 시인이자 비평가인 콜리지는 시를 쓰는 일과 철학하는 일이 그 근본에 있어서는 다를 바가 없음을 일러 준다.

어떤 이는
평탄한 길을 걷는데

어떤 이는
험한 고갯길을 간다

자기 길
험하다고 한탄 마라

산새 소리
울부짖는 산짐승 구경

여기저기
흩어져 있는 산열매 따며

고갯마루
시원한 바람 광활한 경치

튼튼한 다리
넘치는 폐활량 높은 기상

다 누리면서
평지 걷는 이 부러워해서야

–〈인생의 길〉 전문

한두현 시인은 불만이 많은 사람이다. 그의 입방아에 오르면 그 대상이 사람이건 사물이건 한 시인의 추상같은 불호령에서 자유로운 사람은 없다. '평탄한' 길을 가도 탈이요, 고갯길을 가도 탈이다. 심지어 산새 소리도 멱살이 잡혀 나오고, 울부짖는 산짐승이나, 흩어져 있는 열매도 불려 나온다. 그리고 '다 누리면서' 불평-불만을 해서는 안 된다고 꾸짖는다.

만남이
아무리 아름다워도

사귐이
더 아름다워야 하고

사귐이
아무리 아름다워도

헤어짐이
더 아름다워야 한다

흘러간
인연의 추억을 더듬어 보면

좋은 인연이란
헤어짐이 아름다운 인연이더라
—〈만남 사귐 헤어짐〉 전문

만남도, 교유(交遊)도, 이별도 '아름다운 이별' 만은 못 하다는 다소 엉뚱한(무리한) 정의가 읽는 이를 어리둥절하게 만든다. 그러나 '아름다운' 의 실체가 모호하기는 해도 만남과 사귐, 인연이 전제되어 있어서 무리없이 읽힌다. 한두현 시인은 이렇듯 읽는 이의 이해를 돕기 위한 안전장치(?)를 준비해 놓고 있다.

* 만남이 아무리 아름다워도 이별의 아름다움만 못 하다

시공부를 하는 학생들에게 빠뜨리지 않고 당부하는 세 편의 동시가 있다.

(1) 권태응의 〈감자꽃〉 전문

자주꽃 핀 건/ 자주 감자/ 파 보나 마나/ 자주 감자//
하얀꽃 핀 건/ 하얀 감자/ 파 보나 마나/ 하얀 감자

(2) 윤석중의 〈우산〉 전문

이슬비 내리는 이른 아침에/ 우산 셋이 나란히 걸어 갑니다// 파란 우산 깜장 우산/ 찢어진 우산// 좁다란 학교길에/ 우산 세 개가// 이마를 마주 대고/ 걸어갑니다

(3) 어효선의 〈꽃밭에서〉 부분

아빠하고 나하고 만든 꽃밭에/ 채송화도 봉숭아도 한창입니다/ 아빠가 매어 놓은 새끼줄 따라/ 나팔꽃도 어울리게 피었습니다

같은 뜻이지만 표현이 다른 일상어가 시에 녹아 있을 때 읽는 사람은 신선한 충격을 받는다. 시쓰기의 기초의 하나로 알려진 '낯익은 것을 낯설게 하기' 와 맥을 같이하고 있다.

'감자꽃' 에서는 '파 보나 마나' 가 그것이다. '파 보지 않아도 꽃을 보면 알 수 있다' 는 것이다. 다시 말하면, 감자 캐기를 '그만 두어도' 의 뜻인 '말다' 가 요체이다. '말다' 에 그것의 명령형 어미 '아(라)' 가 결합하는 경우 '말아-말아라' 가 아니라 '마- 마라' 가 된다는 문법에 기인하는 것이다.

'우산' 에서는 '파란 우산 깜장 우산 찢어진 우산' 이

다. 우산의 색깔을 늘어놓으라면 파랑–깜장 다음에는 노랑이거나 보라 같은 색깔이 아니라 형태로 보아 '찢어진' 으로 비약시켜 놓았다.

'이마를 마주 대고' 도 놀라운 표현이다.

'꽃밭에서' 는 '한창' 이 뽑혔다. '채송화도 봉숭아' 도 피었으면 다른 꽃도 많이 피었음직한데 태무심한 표정으로 '잔뜩 피어 있음' 을 의미하는 '한창' 으로 마무리하고 있다.

> 정말 정말
> 안 하려고
> 안간힘을 썼는데
>
> 병을 키워
> 아주 아주
> 큰 행사를 치르고 말았네

한두현 시인의 〈또 한 번의 큰 행사〉의 1~2연이다.

'안 하려고 안간힘을 쓰다' 와 같은 재치도 재치려니와 '안 하려는 안간힘이 병을 키웠다' 는 반전도 독자를 놀라게 한다.

머리는 차고 가슴은 뜨거워야 옹골찬 시가 나온다

—한두현 제05시집 『비우는 즐거움』

권 오 운

〈시인 · 중앙대 문창과 겸임교수 역임〉

* 오입쟁이떡이 절편을 살리듯이

떡의 맛은 떡고물이 좌우하고, 떡의 모양은 웃기떡이 결정한다고 할 수 있다. 느닷없이 무슨 떡타령이냐고 할지 모르나 실은 시를 이야기하고자 함이다. 떡으로 치면 '웃기'와 맞먹을 것이 시에서의 '비유'라는 생각 때문이다

〈현대시작법〉 같은 이론서에 보면, 비유의 종류는 무려 250~300여 가지라며 다음과 같이 주워섬기고 있다.

[직유(直喩)– 두 사물을 '~같이' '~처럼' '~듯이'와 같은 연결어로 직접 비유하는 수사법. 예를 들면, 꽃같

이 아름답다. 보름달처럼 둥글다]

[은유(隱喩)- 사물의 상태나 움직임을 암시적으로 나타내는 수사법. 예를 들면, 내 마음은 바다요, 파도가 일어요.]

[제유(提喩)- 사물의 한 부분으로 그 사물의 전체를 나타내는 수사법. 예를 들어, '인간은 빵만으로는 살 수 없다' 에서 '빵' 은 '식량' 을 나타냄.

[성유(聲喩)- 사물의 소리를 그대로 묘사하여 그 소리나 상태를 실제와 같이 표현하는 비유법.

[환유(換喩)- 어떤 사물을 그것의 속성과 관계가 있는 다른 낱말을 빌려 표현하는 수사법. 예를 들면 우리 민족은 흰옷으로 대표된다.]

[활유(蛞蝓- 무생물을 생물인 것처럼 표현하는 수사법. 예를 들면 산이 날 에워싸고, 울부짖는 파도를 벗 삼아.]

[풍유(諷諭- 원래의 뜻은 숨기고 비유하는 말만으로 숨긴 뜻을 암시하는 수사법.]

[반어(反語- 표현의 효과를 살리기 위해 실제와 반대되는 말을 하여 그 의미를 강화하는 수사법. 예를 들면 성에 차지 않은 수량일 때, 참 푸지기도 하구나 하며 엇가는 수사법.]

과장(誇張)도 하나의 비유로 뜻이나 규모를 실제보다 부풀리거나 줄여서 묘사하는 표현방법이다. 예컨대, '목이 타다(심하게 갈증을 느끼다)' '급한 불은 끄다(급한 일을 처리하다)' '눈에 콩깍지가 씌었다 (앞이 가려 사물을 분명하게 보지 못하다),' '상다리가 휘다- 상다리가 부러지다.(상에 음식을 많이 차려 놓다.)

그런가 하면 작품 전체를 과장만으로 일관한 사람도 있다. 독일 작가 뮌히하우젠은 상상하기 어려울 정도로 허풍이 세었다.

'전쟁통에 나아가 공격할 때 대포알을 타고 갔다가 돌아올 때는 그 대포알을 갈아타고 되돌아왔다' 며 황당한 궤변을 토해 읽는 사람들을 놀라게 했다.

앞집 머슴
똑똑해 외양간 튼튼

옆집 머슴
소 잃자 외양간 고쳐

우리 머슴
멍청이에 고집불통이라

소 잃고도
외양간 고치지 않고 버틴다
—〈소 잃고 외양간 고치기〉 부분

옆집 머슴도, 앞집 머슴도, 우리 모두의 머슴까지, 알고 보면 똑똑한 멍청이요 고집불통들이다. 허술한 외양간도, 잃어버린 소도 모두 방기(放棄)되어 있는 상태이다. 그들도 이런 사태를 모르지 않는다. 이것이 우리 모두의 일상이기 때문이다.

* 간접적이고 개인적인 시어와 직접적이고 비개인적인 일상어

일상적으로 쓰이는 일상어와 산문에서 쓰이는 산문어가 자주 비교되기는 하지만 뚜렷이 구분되는 것은 아니다. 다만 일상어가 직접적인데 반해 시어는 간접적이고 개인적이다.

거저
준다 해도

목에
걸리지 않을까

배에
들어가 탈이 나지 않을까

심사
심사숙고해도 모자랄 판에

강도처럼 빼앗거나
도둑처럼 훔치거나 하고 나서

온전하길 바란다면
쇠고랑 무서운 줄 모르는 짓

Me Too도
줄줄이 망신당하는 역대 대통령도

먹는 걸
조심하지 않다가 발생한 사고인데

우매한 인간
역사가 계속 되는 한 이어지리 이어지리라

―〈먹는 게 탈〉 부분

'거저 준다 해도' '목에 걸리다' '탈이 나다' '강도처럼 빼앗고 도둑처럼 훔치고' '쇠고랑 무서운 줄 모르고 조심하지 않다' '역사는 이어지리라' ……

어느 것 하나 생경하거나 낯선 말이 아니다. 말 그대로 '보통으로 쓰는 말' 인 '일상용어(日常用語-日常語)이다. 그렇다고 해서 시어와 일상어나 산문어가 분명히 구분되는 것은 아니다.

시인 한두현의 시가 웅변으로 보여 주고 있다. 이것이 진짜 일상어로 쓴 현대시의 표본이라는 듯이-.

＊ 퍼내고 퍼내어도 마르지 않는 사랑의 샘이 되어

사랑이란?

예쁜 조약돌입니다
고요한 호수에 던져 파도 일으키는

시원한 샘물입니다
꿀꺽꿀꺽 목마른 이 갈증 가셔 주는

강한 엔돌핀입니다
거북이가 뛰고 토끼가 하늘을 나는

커다란 웃음창고입니다
하하하 호호호 깔깔깔 껄껄껄 소란한

화수분 보물 창고입니다
퍼 주고 퍼 주어 바닥이 나도 뭐가 남아 있는

확 뚫린 고속도로입니다
밤낮도 계절도 날씨도 아랑곳없이 소통되는

—〈사랑이란〉 부분

엉엉엉
우산이 슬피 운다

골방에서
갑갑해 죽겠다구 운다

운 좋은 날
나와선 비가 내리지 않아 운다

비가 오면
너무 좋아서 눈물을 뚝뚝뚝 운다

비바람 치는 날이면
뒤집히고 뼈가 부러져 아파서 운다

이래저래
우는 팔자를 타고나 이름이 우산인가 봐

나 홀로 오피스텔
장속엔 무려 다섯 놈이 번갈라 울어 댄다
–〈우는 팔자 우산〉 전문

일반적으로 우리는 시적 이미지를 두 가지로 나눈다. 하나는 청각적 이미지이며, 다른 하나는 시각적 이미지이다. 이를 두고 많은 시인–비평가들이 콩 났네 팥 났네 했으나 시원스런 결론에는 이르지 못했다. 다만 귀에 남을 만한 페이터의 이론은 이런 것이다.

'시는 음악적 상태를 그리워 한다.'

발레리도 이와 크게 다르지 않은 주장에 찬성표를 던졌다.

〈파도를 일으키다〉〈꿀꺽 꿀꺽〉〈토끼가 날고 거북이 뛴다〉〈하하하 호호호 깔깔깔 껄껄껄〉〈엉엉엉〉〈갑갑해서 죽겠다고 운다〉〈비가 내리지 않아 운다〉〈비가 오면 눈물 뚝뚝뚝〉〈뒤집히고 뼈가 부러져 운다〉〈다섯 놈이 번갈아 운다.

웃음소리, 울음소리, 파도소리, 뛰고 날고, 뚝뚝뚝, 뼈가 부러져 아파서 운다. 모든 사물이 소리를 낸다. 그 소리를 의성어로, 또는 의태어로 가능한 '진짜 소리' 에 가까운 톤으로 묘사해 내고 있다. 시인 한두현의 육성이 들리는 듯하다.

* 별종이 사는 세상에는 별종의 그림자도 산다

넥타이 노신사
종로 거리에서 별종

결혼 출산
미혼 남녀에겐 별종

부모에 효도
정성껏 한다면 별종

안보 의식
부르짖는 놈은 별종

자유민주주의
교과서에 실리자면 별종

원자력발전
지속해야지 주장하면 별종

기업을 살려야
경제가 산다고 외치면 별종

소득주도 성장
경제이론에도 없는 허구라면 별종

—〈상식이 별종이 된 세상〉 부분

한두현이 만나는 사람은 모두 별종(別種)이다. 사람뿐이 아니다. 온갖 사물이나 그것의 행동, 심지어 상대방의 주장이나 사고(思考)까지 망라된다. 자세히 들여다보면 놀랍게도 시인 자신까지 포함시키고 있다.

결혼하는 젊은 남녀, 부모에 효도하는 자녀, 기업을 살려야 경제가 산다고 외쳐도 별종, 소득주도 성장 경제이론에도 없는 허구라면 그마저도 별종이다.

<별종>

(1) 다른 종류.

(2) 보통 때와는 달리 이상한 행동을 보이는 부류.

(3) 별스러운 사람.

(4) 특별히 선사하는 물건.

대상이 사람이든 사물이든 긍정적인 면보다 부정적인 면이 더 짙어 보이는 게 사실이다. 평소 우리의 삶이 그러하거늘-

'생명의 신비- 인간의 존엄성 속에서 상대성원리는 수리적(數理的) 직감으로서 얻는 공식이요, 나중에 실험으로써 가까스로 증명되었을 뿐이라고 입을 모은다. 여기까지 이르러서야 과학과 예술이 어느 깊은 곳에서 만나고 있다는 이신동체(異身同體)라는 사실을 깨닫게 되었다고 말한다.

'마이신으로 성병(性病)을 치료하고 수술로 충수염을 고친다는 것은 의학기술이 하는 것이다. 천체망원경으로 하늘을 보아도 신은 보이지 않더라!

＊ 어머니에게 '정말 처음'인 것은?

한두현 시인의 시의 생명력은 끈질김이다.

82세에 아들을 낳은 '사나이'로부터 '찬밥 한 덩이'가 '정말 처음'인 '아씨'에 이르기까지 끈질긴 생명력이 풍선같이 부풀어 오르고 있다.

보릿고개
어느 날 오후

방물장수
어머니 옆에 앉으며

아씨마님
찬밥 한 술 남았으면

아 그래요
부엌에 들어가 내온 건

찬밥 한 덩이
큰 대접에 물 한 사발 김치 한 보시기

정말 처음이야
맛나게 먹고 "이제 살았구나"하는 모습

밥투정할 때마다
떠올리며 미안한 마음 갖게 해 준 값진 추억

늘 생각한다
물질이든 마음이든 절박할 때 도움 주는 삶
－〈찬밥 한 덩이 추억〉 전문

찬밥 한 덩이, 물 한 사발, 김치 한 보시기로, 가파른 보릿고개를 건너던 시절, 박물장수가 젊은 어머니 옆에 앉아서 벌이는 구걸은 '찬밥 한술' 로 만족하여 물러날 방물장수가 아니다. '정말 처음이야' 의 그 '처음' 이 두 대상에게는 참을 수 없는 '해갈' 로 읽히기 때문이다.

홀로
걷는 외로운 길

아무도
걸어 보지 않은 길

무엇이
나타날지 모르는 길

누구도
자기는 안 간다는 길

석가모니가
궁중의 안락 버린 길

빛나는 보석
반짝반짝 반길지 모르는 길

—〈외로운 길〉 부분

우리는 우리가 살아가는 일을 '몸으로 견디기 어려운 일들을 통하여 수행을 쌓는 일' 인 '고행(苦行)' 이라 일러 왔다. 따라서 힘들고 외로울 수밖에 없고, 그 '길' 은 가지 않을 수도 없게 되어 있는 길이다. 한두현 시인도 '다 부질 없는' 낙엽이 되어 '발에 밟힌다' 고 술회하고 있다. 그러나 그는 '호들갑 떨지 말라' 는 충고를 잊지 않고 있다. 그의 시의 거반이 이런 꾸지람에 뿌리를 두고 있다.

中里 한두현(韓斗鉉) 시인

■ 약력

- 1938년 서울 상왕십리 출생.
  부친 별세로 고향인 강원 원주 부론 노숲 성장(돌 때부터)
- 초등학교 6학년 때 6.25발발 2년간 농업에 종사하느라 진학이 늦어짐
- 중학 3학년 때 학생회장으로 정의심 발동으로 전교생을 7일간 동맹휴학으로 이끌어 목적을 달성하였으나, 장기정학처분 및 수석졸업에 品行可를 받음
- 국립교통고등학교(국비) 졸업. 서울대학교 공과대학 졸업
- 35년간 섬유업계 종사, 상장회사 대표이사 사장 역임 후 자진 은퇴, 제3인생 시작
- 국가발전기여공로 석탑산업훈장 수훈
- 기술사, 발명가, 글지이, 조각가
- 문예사조 시 신인상 당선 문단 데뷔
- 문예사조문인협회 회원, 서울시낭송클럽 상임위원
- 한국문인협회 회원, 국제펜 한국본부 회원

■ 수상 (詩부문)

- 문예사조문학상 본상 수상
- 한국자유시인상 대상 수상
- 未堂徐廷柱시회상 수상
- 한국문학비평가협회 문학상 수상

■ 시집

- 인연(제1시집)
- 인왕산(제2시집)
- 서원의 길(제3시집)
- 마중물(제4시집)
- 몽당연필(제5시집)
- 징검다리(제6시집)
- 태풍아(제7시집)
- 어느 여의사(제8시집)
- 몰록(제9시집)
- 호모사피엔스(제10시집)
- 한두현 詩전집 1·2
- 말문이 열린 江(01시집)
- 촛불의 푸념(02시집)
- 항해하는 지성인(03시집)
- 프로부모(04시집)
- 비우는 즐거움(05시집)
- 틈새의 美(06시집)

■ 저서

- 자식을 부모의 팬으로 만들어라
  〈자녀교육해법 124장〉 나남출판
- 자식에게 무엇을 가르쳐 세상에 내보낼 것인가
  〈뿌리교육해법 124장〉 나남출판
- 자식을 우리의 옛 이야기로 길러라 1, 2
  〈이야기 인성교육 620마당〉 나남출판
- 자식교육 이제는 프로부모의 시대다
  〈전문부모의 길 74장〉 나남출판

한두현 제07시집

설 레 임

초판 발행 2022 년 2 월 12 일

지은이 | 한두현
펴낸이 | 김효열
편 집 | 이미정

펴낸곳 | **을지출판공사**

등록번호 | 1985 년 2 월 14 일 제 2-741 호
주 소 | 서울시 마포구 양화진길 41, 603호
우편번호 | 04083
대표전화 | 02) 334-4050
팩시밀리 | 02) 334-4010
전자우편 | ejp4050@hanmail.net

값 15,000원

ISBN 978-89-7566-208-9 03810